El 2° libro de la Serie de
Discipulado *La Cruz*

I0164755

Fuego Cruzado

Una Nueva Manera de Vivir
Libro 1

Scott e Sherri Dalton

MISSIO GLOBAL

Fuego Cruzado: Una Nueva Manera de Vivir - Libro 1

Título Original: *CrossFire - A New Way of Living, Book 1*

El 2do libro de la serie "La Cruz" de materiales de entrenamiento para el discipulado.

Por Scott y Sherri Dalton
Traducción: Nicolle Magalhães
Copyright © 2022 Missio Global Ministries, Inc.

Missio Global Publishing
1067 N. 21st St., Unidad 220
Newark, OH 43055

ISBN 13: 978-1-7361515-4-9

Escuela Ministerial Missio Global

Este material se utiliza junto a la Escuela Ministerial Missio Global, una asociación entre la Missio Global e iglesias de todo el mundo. Esta escuela es un valioso programa de capacitación de uno o tres años que las iglesias pueden usar para equipar a su congregación y desarrollar líderes emergentes.

Para obtener información sobre cómo su iglesia puede implementar una Escuela Ministérial Missio Global, visite **www.missioglobal.org**

Dedicación

Como este es el primer libro que escribimos juntos, la dedicación debe ser para nuestros cinco hijos adultos. Los amamos a ustedes más de lo que puedas imaginar. Siempre has sido y siempre serás una gran parte de nuestra jornada. No podemos imaginar la vida sin todos ustedes.

Agradecimientos

Queremos agradecer y reconocer a los muchos socios financieros de Missio Global que han sido tan fieles durante los últimos trece años y también a aquellos que nos han apoyado personalmente durante más tiempo. ¡La visión de alcanzar y equipar a millones se está realizando gracias a usted!

Gracias a Judah Davis y J. Lee Simmons por sus contribuciones y la edición de este libro.

Agradecemos a Nicolle Magalhães por su edición de *Fuego Cruzado en español.*

La Serie de Discipulado "La Cruz"

La serie de libros *La Cruz* es para el crecimiento cristiano enfocado en el discipulado y las primeras etapas del desarrollo del liderazgo. El material se utiliza mejor en relaciones de tutoría individual o en grupos pequeños. La serie Cross *fue* diseñada como un camino de crecimiento que conduce a la Escuela Ministérial Missio Global basada en la iglesia. También se puede utilizar como valioso material de preparación para el discipulado cristiano en general.

El Cruce *Primeros Pasos en Su Caminar con Dios*
Para el cristiano más joven o para aquellos que desean profundizar su camino con Dios.

Fuego cruzado *Una Nueva Manera de Vivir (Libros 1 y 2)*
¡Se enfoca en transformar nuestros valores para aquellos que siguen los principios bíblicos, lo que resulta en una nueva y poderosa forma de vida!

Cross Fit (Entrenamiento de La Cruz)
Futuros títulos por venir!

Proyecto 2T2:2
Formando a los Hacedores de Discípulos

¡Completa los primeros tres libros de ***La Serie la Cruz*** (*La Cruz y Fuego Cruzado – Libros 1 y 2*) y luego ayuda a guiar a otras personas través de los libros! Para obtener más información sobrelos libros PDF de *la serie La Cruz*, visite nuestro website en www.missoglobal.org. Sé un discípulo y haz un discípulo - ¡ayuda a cambiar el mundo!

Proyecto 2 Timoteo 2:2
Y las palabras que me habéis oído decir en presencia de muchos testigos, confíalas a hombres fieles que también son capaces de enseñar a los demás.

Índice

Prefacio

Mientras caminamos con Jesús, descubrimos que las cosas que consideramos importantes comienzan a cambiar. Cómo gastamos nuestro tiempo, con quién lo gastamos y dónde o en qué gastamos nuestro dinero, todo comienza a cambiar. Esto se debe a que nuestras prioridades están cambiando. Nos estamos enfocando menos en nosotros mismos. Lo que es importante para Dios ahora se vuelve importante para nosotros. Las cosas no cambian todas a la vez, pero a medida que pasamos por el proceso de pasar tiempo con Dios y aquellos que lo aman, vemos que lo que una vez valoramos ha sido reemplazado por nuevos valores.

Los folletos de estudio *Fuego Cruzado se* enfocan en los valores que son importantes para vivir una vida que agrada a Dios. Estos valores no son exhaustivos: encontrará otros a medida que continúe su jornada. Pero estos valores presentados ayudarán a abrir la puerta a una vida de propósito donde Dios es exaltado y otros honrados. ¡Es una nueva forma de vivir!

Scott y Sherri Dalton
Junio de 2021

Como usar
Fuego Cruzado - Libro 1

Este estudio es mejor utilizado como una herramienta de discipulado entre un cristiano más maduro y un nuevo converso o un pequeño grupo de cristianos. El material ayuda a los creyentes a crecer en su relación con Dios y con una comunidad de creyentes (la iglesia). Cada capítulo debe estudiarse semanalmente durante seis semanas. Cada capítulo incluye un breve estudio bíblico sobre un tema del capítulo. El evangelio de Marcos y el libro de Romanos también deben leerse a lo largo de este estudio.

Cada persona que utilice este estudio, ya sea como un recién convertido o una persona más madura en la fe, debe responder las preguntas antes de reunirse. Durante el encuentro, que debe durar al menos una hora, todos deben compartir sus propias experiencias en su caminar con Jesús. Al final de cada capítulo, se aplican las acciones siguientes y los pasos que se deben tomar durante la semana hasta la próxima reunión. Para los "Próximos Pasos", comience leyendo un capítulo del Evangelio de Marcos durante cinco días a la semana y orando durante diez minutos. Se agregan otras actividades cada semana para desarrollar disciplinas espirituales para el crecimiento. Necesitará un cuaderno para anotar sus pensamientos sobre la lectura de la Biblia y su tiempo de oración. Las respuestas a cada pregunta del estudio se encuentran al final de este folleto. Termine siempre cada reunión con una oración. Pregúntele al discípulo cómo puede orar por él. Su modelo a seguir le enseñará a orar.

Si está guiando a alguien a través de este estudio, primero lea todo el material para familiarizarse con su contenido. Haz el estudio personal. Comparta ejemplos e historias de su propia vida mientras lleva a un discípulo a una relación más profunda con Jesús y con usted. Además, practica las disciplinas cada semana. Comparta con esta persona lo que Dios le está enseñando durante este tiempo de estudio. El discipulado, como la salvación, se trata de una relación, con Dios y entre nosotros. Disfruten esta jornada juntos para que ambos lleguen a conocer a Dios en un nivel más profundo.

Lección 1

Convertirse en un Discípulo

"Sígueme"

Jesús quiere que estemos con Él! Jesús se acercó a los que llamó a ser sus discípulos con esas sencillas pero profundas palabras: "Sígueme". No habló en sentido figurado, sino que literalmente los llamó a dejar todo y seguirlo. Fue un compromiso serio que cambió la vida. Todavía es hoy.

Ser discípulo es ser estudiante, aprender de un maestro. Lo inusual de Jesús fue que se acercó a las personas a las que llamó para que fueran sus alumnos. En ese momento, era el alumno quien buscaba un maestro para formarse. Pero Jesús, el maestro, tomó la iniciativa de convocar a sus alumnos, elegidos entre personas que nadie había elegido antes. ¡Él también te eligió y quiere que lo acompañes porque quiere mostrarle una nueva forma de vida!

14 Designó a doce, a quienes nombró apóstoles, para que lo acompañaran y para enviarlos a predicar 15 y ejercer autoridad para expulsar demonios. (Marcos 3:14-15)

A medida que pasamos tiempo con Jesús, nuestras vidas se transforman para ser más como la de Él. Tenemos el poder de hacer las obras que Él hizo. De hecho, Jesús dijo que haríamos cosas aún más grandes que Él (Juan 14:12). A medida que crezca en su caminar espiritual con Jesús, Él le dará una mayor autoridad espiritual. Jesús quiere "enviarte" con esta autoridad para que puedas ser una bendición para los demás al demostrarles tu amor y poder.

24 El discípulo no es superior a su maestro, ni el siervo superior a su amo. 25 Basta con que el discípulo sea como su maestro, y el siervo superior a su amo. (Mateo 10:24-25a)

Como alumno, su objetivo es ser como el maestro. ¡Jesús quiere que seas como Él! Llegar a ser como Jesús no es "saber" mucha información bíblica; se trata de "conocer" a Jesús personalmente. Cuanto más tiempo pases y te dediques a Jesús, más llegarás a conocerlo y llegarás a ser más como Él. Responde Su llamado de "Sígueme" todos los días.

Lleva Mi Yugo Sobre Ti

Convertirse en discípulo de Jesús es como un aprendizaje. Es una relación de aprendizaje. Se necesita disciplina de nuestra parte para ser un discípulo. La disciplina es la raíz de la palabra discípulo. Sin embargo, el objetivo del discipulado no es ser una carga, sino darnos descanso. Jesús nos dio una imagen poderosa de esto cuando dijo:

> **28** *Vengan a mí todos ustedes que están cansados y agobiados, y yo les daré descanso.* **29** *Carguen con mi yugo y aprendan de mí, pues yo soy apacible y humilde de corazón, y encontrarán descanso para su alma.* **30** *Porque mi yugo es suave y mi carga es liviana ".* (Mateo 11:28-30)

Un yugo es un instrumento de trabajo duro que se usaba (y en algunos lugares todavía se usa) con animales de granja para arar un campo o tirar de un carro pesado. Es lo que atraviesa el cuello del animal y se engancha al arado o al carro. Entonces, ¿por qué Jesús llamaría a la gente a descansar hablando de un instrumento de trabajo duro? ¿Por qué Jesús usaría un yugo para describir la vida en relación con Él?

Cuando los granjeros están entrenando bueyes jóvenes para arar un campo, el buey siempre quiere escapar. No se sienten cómodos con el yugo y no comprenden esta nueva actividad de arar un campo. Así, el granjero siempre coloca al buey joven en un yugo con un buey experimentado en el otro (los yugos se fijan a la misma barra de madera). El buey experimentado entrena al buey joven para que se mantenga en el camino correcto para que el campo sea arado. ¡Y el buey joven probablemente le dé una nueva energía al experimentado!

Jesús lleva esta ilustración aún más lejos, diciendo que su yugo es fácil y su carga es liviana. ¿Cómo puede ser ligero el peso de su yugo? ¡Es porque Él está llevando la mayor parte del yugo de la pesada carga! Solo necesitamos permanecer cerca de Él en el yugo y Él hace la mayor parte del trabajo. Así es como aprendemos de Él. *La única forma en que podemos aprender de Jesús es llevar Su yugo sobre nosotros.*

Jesús usará a sus discípulos aquí y ahora (los bueyes más experimentados) para ayudar a formar nuevos discípulos. Al completar este libro, alguien debe acompañarlo para ayudarlo a crecer en su viaje espiritual con Jesús. A esta persona la llamamos guía (o discipulador). Ellos están con usted para brindarle apoyo, aliento y, a veces, alguna ayuda con orientación. Su papel es siempre señalarle a Jesús. Tu guía no es perfecto como Jesús, por lo que tendrás que darles gracia a veces. Están más avanzados en su camino con Jesús y se preocupan mucho contigo. ¡Juntos pueden "arar muchos campos" para el Reino!

UNA MIRADA A LA PALABRA

1. Según Marcos 3:14-15, ¿por qué Jesús nombró a los 12 discípulos?

_____

_____

_____

¿Por qué es importante para ti estar con Jesús? _____

_____

¿Cómo puedes hacer eso? _____

_____

_____

2. ¿Cuál es el objetivo de un alumno en Mateo 10:24-25? _____

_____

Además de Jesús, ¿tienes algún "maestro" en tu vida que te gustaría ser como ellos? _____

3. Lea Mateo 11:28-30.

¿Qué es un yugo? _____

_____

¿Por qué es fácil el yugo de Jesús y liviana su carga? _____

_____

_____

Si siente que el yugo de Jesús es pesado, ¿por qué sucedería eso? _____

_____

_____

4. Lea Juan 14:12-14.

¿Por qué podremos hacer cosas más grandes que Jesús? _____

_____

¿Cómo podemos hacer eso?_____

_____

_____

5. Lea Mateo 28:18-20, que a menudo se conoce como la Gran Comisión. El verbo principal en esta escritura no es "ir" sino "hacer discípulos". Los otros verbos, ir, bautizar y enseñar, nos dicen cómo hacer discípulos.

Según este pasaje de las Escrituras, ¿cuál era la prioridad de Jesús? ¿Por qué? _____

_____

¿Quién te puede enseñar? _____

¿A quién puedes enseñar? _____

APLICACIÓN

Las palabras finales de Jesús en Mateo 28:18-20 dejan en claro que hacer discípulos debería ser una prioridad y el enfoque principal para sus seguidores. No solo quiere que todos sus seguidores sean discípulos y lleguen a ser espiritualmente maduros, sino que también quiere que discipulen a otros hasta la madurez. Esta debe ser la misión de cada cristiano y de cada iglesia hasta que Jesús regrese.

Durante la próxima semana, complete los "Próximos Pasos" que se enumeran a continuación a medida que avanza hacia la madurez. Si alguien lo está guiando a través de este estudio, ¿ha identificado a alguien que pueda enseñarle? Si no es así, busque a alguien que haya estado siguiendo a Jesús por más tiempo que usted y vea si puede caminar con usted. Finalmente, identifique a alguien con quien pueda comenzar una jornada de discipulado, donde puedas enseñar lo que ha aprendido sobre Jesús y el Reino de Dios. Puedes llevarlo a través de *El Cruce: Primeros Pasos en Su Caminar con Dios* como punto de partida.

PRÓXIMOS PASOS

Lectura de la Biblia esta semana
Marcos 1-5. Empiece a leer el Evangelio de Marcos. Intente leer un capítulo al día durante cinco días a la semana. Marcos tiene dieciséis capítulos, así que terminarás con el libro en tres semanas y leerás un capítulo adicional en la última semana. Utilice el fin de semana para ponerse al día con los capítulos que haya retrasado. Preste atención a quién habla Jesús y qué enseña. ¿Cuáles son las respuestas de diferentes personas? Utilice las siguientes preguntas de "OIA" mientras piensa y medita en lo que lee:

Observación
¿Qué dice? (Responda preguntas como: ¿Quién está involucrado en la historia? ¿Qué está sucediendo? ¿Dónde se lleva a cabo la historia o la enseñanza: en una ciudad, junto a un lago, en el desierto? ¿Qué piensan o sienten las personas? ¿Está Jesús enseñando a través de una parábola, usando las escrituras o respondiendo una pregunta que alguien hizo? ¿Está enseñando a sus 12 discípulos, multitudes, líderes religiosos? ¿Qué tipo de milagros han ocurrido y por qué?)

Interpretación
¿Qué significa? (Responda preguntas como: ¿Cómo interpretaron estas observaciones Jesús, los presentes o los lectores de la época? Recuerde esta regla de interpretación: las Escrituras no pueden significar para nosotros

hoy lo que nunca significaron para la gente del primer siglo.)

Aplicación

¿Qué significa esto *para mí*? (Responda preguntas como: ¿Cómo puede aplicar esto a su vida, sus circunstancias u otras personas?) Escriba lo que aprenda de Dios o acerca de Dios.

Oración

Ore 10 minutos al día durante esta semana. Simplemente hable con Dios como si fuera un   amigo cercano. Agradécele por su nueva vida, pídale que lo guíe durante el día, ore por sus   necesidades y pídale que bendiga a quienes lo rodean.

Lección 2

Haciendo de Jesús El Señor

Declara Con Tu Boca

Es una posición audaz declarar a Jesús como su Señor. Muchos cristianos han sido asesinados a lo largo de los siglos por hacer tal afirmación, y este sigue siendo el caso hoy. Has sido rescatado del reino de las tinieblas (el reino mundano de Satanás) y traído al Reino del hijo que Dios ama, con el Rey Jesús en el trono (Colosenses 1:13). Vives en un mundo donde estos dos reinos están constantemente en conflicto. A veces te encontrarás en medio del fuego cruzado. ¡Pero puedes estar seguro porque eres un ciudadano del Reino que ya ganó la guerra!

⁹ Que, si confiesas con tu boca que Jesús es el Señor y crees en tu corazón que Dios lo levantó de entre los muertos, serás salvo. ¹⁰ Porque con el corazón se cree ser justificado, pero con la boca se confiesa para ser salvo. (Romanos 10:9-10)

Cuando entregaste tu vida a Cristo, es posible que en realidad haya orado Romanos 10:9-10. Para recibir la salvación de Dios y que sus pecados sean perdonados, debe creer en su corazón que Jesús está vivo y declarar con su boca que "Jesús es el Señor". Es esta declaración del señorío de Jesús en su vida lo que marca el momento de su salvación. Como cristiano, debes seguir a Jesús como tu Señor. Eso significa que Él es el amo de tu vida, y eso es bueno porque ¡solo Él tiene cosas buenas reservadas para ti!

Es posible que en algún momento escuche que algunas personas parecen tratar a Jesús solo como su Salvador, pero no como su Señor. De hecho, no existe tal cosa como aceptar a Jesús como su Salvador, pero no como su Señor. El mismo acto de salvación requiere que declares a Jesús como tu Señor. La salvación (Cristo como su Salvador) es simplemente el primer paso en un viaje de toda la vida donde Jesús es el Señor de su vida.

Lleva Tu Cruz

Jesús hizo algunas declaraciones muy fuertes sobre lo que significa ser su discípulo. Parece que Jesús tiene que ser el Señor de cada área de tu vida. Básicamente, necesitas morir a tus deseos egoístas pecaminosos y buscar una vida justa con Jesús. Esto es lo que dijo Jesús.

> *23 Dirigiéndose a todos, declaró: - Si alguien quiere ser mi discípulo, que se **niegue a sí mismo, lleve su cruz cada día y me siga.** 24 Porque el que quiera salvar su vida la perderá; pero el que pierda su vida por mi causa la salvará. 25 ¿De qué le sirve a uno ganar el mundo entero si se pierde o se destruye a sí mismo? (Lucas 9:23-25)*

Lo que sucede en la cruz no es agradable. La muerte ocurre en la cruz. Pero Jesús ya murió en tu lugar en la cruz para pagar el castigo por tus pecados. La cruz que debemos tomar diariamente ahora significa la muerte a nuestros deseos egoístas y pecaminosos. Esto es lo que significa "negarte a ti mismo". Significa seguir a Jesús todos los días y buscar vivir tu vida siguiendo sus caminos. ¡Tus caminos son siempre mucho mejores que los nuestros!

Más tarde, en Lucas, se registra que Jesús dijo nuevamente que, para ser su discípulo, una persona debe llevar su propia cruz (Lucas 14:27). Concluyó diciendo en Lucas 14:33: "De la misma manera, cualquiera de ustedes que no renuncia a todo lo que tiene, no puede ser mi discípulo". Cada uno de nosotros debe "calcular el costo" de seguir a Jesús. Eso significa que debemos estar dispuestos a renunciar a cualquier cosa por Él. No significa que Jesús va a sacar todo lo mejor de nosotros. Todo lo contrario. Él quiere que renunciemos a las cosas malas o malsanas para poder darnos lo mejor. Significa que debemos entregarnos a Él y verdaderamente hacer de Jesús nuestro Señor.

Ídolos del Corazón

La idolatría parece algo que sucedió en la antigüedad, pero se practica ampliamente en la actualidad, aunque a veces de una manera más sutil. *Si algo es más importante para ti que Jesús, esa cosa es un ídolo (o señor) en tu vida.* Un ídolo puede ser incluso una persona o su carrera, no solo un objeto. Veamos un hecho real que Jesús encontró en el Evangelio de Marcos.

*¹⁷ Cuando Jesús estaba ya para irse, un hombre llegó corriendo y se postró delante de él. - Maestro bueno - le preguntó - ¿qué debo **hacer** para heredar la vida eterna?" ¹⁸ - ¿Por qué me llamas bueno? - respondió Jesús -. Nadie es bueno sino sólo Dios. ¹⁹ Ya sabes los mandamientos: "No mates, no cometas adulterio, no robes, no presentes falso testimonio, no defraudes, honra a tu padre y a tu madre". ²⁰ - Maestro - dijo el hombre -, todo esto lo he cumplido desde que era joven". ²¹ **Jesús lo miró con amor y añadió**: - Una sola cosa te falta: anda, vende todo lo que tienes y dáselo a los pobres, y tendrás tesoro en el cielo. Luego ven y sígueme. ²² Al oír esto, el hombre se desanimó y se fue triste, porque tenía muchas riquezas.* (San Marcos 10:17-22)

Note que este hombre corrió hacia Jesús y se arrodilló ante Él, preguntando seriamente cómo podía recibir la vida eterna. Pero Jesús notó que el hombre preguntó: "¿Qué debo hacer?" Entonces Jesús lo probó diciéndole que observara los seis mandamientos que tratan con nuestras acciones externas, en contraposición a aquello en lo que ponemos nuestro corazón. El hombre respondió con confianza que había cumplido estas órdenes desde su juventud. Entonces Jesús identificó el ídolo en la vida del hombre, diciéndole que vendiera y regalara todas sus posesiones, así que ven y síguelo. El hombre se fue triste y Jesús no fue tras él. En ese momento, al menos, la riqueza del hombre era más importante que seguir a Jesús. Su riqueza era un ídolo para él.

Jesús rara vez les pide a sus seguidores que hagan cosas como renunciar a sus trabajos, vender todo y mudarse a otro país (¡aunque le pidió a nuestra familia que hiciera eso!). Él quiere que no te apegues ni pongas tu afecto en las cosas de este mundo. Dios quiere darte una provisión abundante, pero la provisión es para cumplir Su propósito en tu vida y aún te queda suficiente para que puedas bendecir a otros. El señorío es primero una actitud del corazón, luego una acción. No es solo un sacrificio externo, sino una cuestión de corazón (1 Corintios 13:3). Jesús quiere ser el Señor de tu corazón.

A pesar de que Dios sea paciente contigo y no espera una transformación instantánea en tu vida, sí espera que estés dispuesto a cambiar cuando te lo diga. Si hay un pecado que no quiere renunciar, algo que nunca podrías separarte, una persona cuya opinión es más importante para ti que a Dios, una persona a la que nunca se puede perdonar , o incluso un lugar del que nunca podrías mudarte, así que esa es una señal de que tienes un ídolo en tu vida. Pídale a Dios que escudriñe su corazón, confiese a Él y a su guía, y agradezca a Dios por todas las cosas buenas que tiene para usted. ¡Jesús es un Señor maravilloso!

UNA MIRADA A LA PALABRA

1. En Romanos 10:9-10, ¿cuáles son las dos cosas que debes hacer para ser salvo? _____

_____

¿Por qué debería hacer ambas cosas? ¿Has hecho esto? _____

_____

_____

_____

2. En Lucas 9:23-25, ¿qué dice Jesús que debes hacer para ser su discípulo?

_____

_____

¿Qué significa eso? _____

_____

_____

¿Por qué dijo que debías hacer esto? _____

_____

_____

3. Lucas 14:27 y 33 dice: *"Y el que no carga su cruz y me sigue, no puede ser mi discípulo ... ³³ De la misma manera, cualquiera de ustedes que no renuncie* *a todo sus bienes, no puede ser mi discípulo".* ¿Qué debes hacer para ser discípulo de Jesús? _____

_____

¿A qué te puede pedir Dios que renuncies? _____

_____

_____

4. En Marcos 10:17-22, ¿qué le preguntó el hombre a Jesús? _____

_____

¿Guardó los mandamientos enumerados por Jesús? _____

¿Qué dijo Jesús que tenía que hacer también? _____

_____

¿Cómo respondió el hombre y por qué? _____

_____

¿Puedes renunciar a todo y a todos o hay algo o alguien que te resulta difícil de cumplir? Si es así, escriba a continuación y discútelo con su discipulador. _____

_____

_____

5. En 1 Corintios 13:3, dar a los pobres o vivir en dificultades es necesariamente evidencia de que Jesús es el Señor de tu corazón? ¿Por qué o no?

_____

_____

_____

APLICACIÓN

Hacer de Jesús el Señor de tu vida significa mostrar tu amor por Él, poniéndolo en primer lugar. Esto se refleja en su estilo de vida, relaciones y decisiones. Ciertamente significa tomar algunas decisiones que no serán populares entre las personas que no siguen a Jesús. Hacer a Jesús Señor significa que debes morir a tus deseos egoístas y dañinos mientras buscas una nueva vida maravillosa en Jesús.

Ser discípulo de Jesús significa amarlo y ponerlo en primer lugar antes que todo y todos los demás. ¿Hay algo en tu vida que pueda ser más importante que seguir a Jesús? Al hacer los "Próximos Pasos", escríbalos y ore para que Dios le ayude a amar más a Jesús. Él puede cambiar tu corazón si realmente quieres ponerlo a Él primero.

PRÓXIMOS PASOS

Lectura de la Biblia esta semana

Marcos 6-10. Continúe leyendo el evangelio de Marcos. Intente leer un capítulo al día durante cinco días a la semana. Utilice el fin de semana para recuperar cualquier capítulo que se haya perdido. Preste atención a quién habla Jesús y qué enseña. ¿Cuáles son las respuestas de diferentes personas? Utilice las siguientes preguntas de "OIA" (observación, interpretación y aplicación; consulte la Lección 1, "Próximos pasos") mientras piensa y medita sobre lo que lee.

Oración

Ore 10 minutos al día durante esta semana. Simplemente hable con Dios como si fuera un amigo cercano. Agradécele por su nueva vida, pídale que lo guíe durante el día, ore por sus necesidades y pídale que bendiga a quienes lo rodean.

Obediencia

Sacrificio: Haga una lista de las cosas que necesita entregar para servir y amar mejor a Jesús.

Lección 3

Obediencia: La Ley versus el Corazón

Obedeciendo las "Reglas"

El concepto erróneo más común del cristianismo es que es simplemente un conjunto de reglas que debemos seguir o Dios se enojara con nosotros. Si viene de una cultura religiosa, probablemente ya haya experimentado el miedo de "romper las reglas" y le preocupa que Dios pueda castigarlo. Para ser muy claro, este NO es el corazón de Dios para ti.

Las reglas o mandamientos que Dios nos da son como una valla cerca de un despeñadero peligroso. Son para nuestra protección. Imagínese a los padres permitiendo que sus hijos pequeños jueguen en un área peligrosa sin una valla. Dios quiere protegerte, de la misma manera, del daño emocional e incluso físico. Él quiere que tengas relaciones saludables y que conozcas Su propósito para tu vida. Recuerde: Dios siempre es bueno y quiere lo mejor para usted.

A medida que crecemos en nuestra madurez en Cristo, somos más sensibles a la dirección del Espíritu Santo y estamos más capacitados para tomar decisiones sabias. Aun así, siempre debemos tener cuidado de no ponernos en una situación que pueda llevarnos al pecado. Además, debemos recordar que nuestro adversario, el maligno, planea un esquema contra nosotros. Jesús quiere protegernos.

La "Ley de Cristo" es una Cuestión de Corazón

Es fundamental entender que la obediencia a Dios es mucho más profunda que simplemente seguir "un antiguo conjunto de reglas". Nuestras acciones son muy importantes, pero nuestras acciones y palabras fluyen de nuestro corazón. *La obediencia es una cuestión de corazón*. Puede que estés haciendo y diciendo todas las "cosas correctas", pero tu corazón puede estar lejos de Dios. Cuando estás siguiendo las reglas pero no entregas tu corazón a Dios, se llama "legalismo" o "espíritu religioso". Es una obligación externa, no una fe interna del corazón.

Jesús está más preocupado por tu corazón. Si tu corazón está en lo correcto, seguirán las acciones correctas. La "Ley de Cristo" se centra en el corazón. Lo dejó muy claro en lo que se llama el Sermón del Monte. Jesús estaba enseñando acerca de la Ley de Moisés dada a los israelitas, ¡pero la llevó completamente a otro nivel! Aquí hay algunos pasajes de esa predicación en Mateo 5:21-22; 27-28:

> *²¹ Habéis oído lo que se dijo a vuestros antepasados: "No mates. Cualquiera que mate será juzgado ". ²² Pero yo les digo que cualquiera que se enoje con su hermano será juzgado. ²⁷ Habéis oído decir: "No cometas adulterio". ²⁸ Pero yo les digo que cualquiera que mira a una mujer y desea poseerla, ya cometió adulterio en su corazón.*

La multitud estaba acostumbrada a escuchar acerca de las leyes religiosas, lo que podían y no podían hacer de acuerdo con la ley. Pero Jesús va mucho más profundo, literalmente al corazón del problema del pecado. Les estaba diciendo que el pecado comienza en el corazón y que Dios los haría responsables por el pecado de sus corazones, no solo por sus acciones externas. No se trata de tentación. Todos somos tentados (incluso Jesús lo fue), pero podemos vencerlo y no pecar. Pero sabes cuando estás mirando a una mujer (o un hombre) con deseo y Dios también lo sabe. Lo llama pecado.

Probablemente estés pensando: "Espera un minuto, Jesús. ¡Esto es muy radical! " Tienes razón; Jesús es radical contra el pecado porque es muy destructivo y causa muerte espiritual. ¡Él murió y resucitó para que puedas ser libre del pecado y vivir la vida abundante que Él tiene para ti!

Se trata del Amor, no de la Ley

Si pecas o no, no cambia el amor de Dios por ti. Dios no te ama menos cuando pecas, y no te ama más cuando no lo haces. Pero el amor de Dios por ti no es el problema. *Tu amor por Él es el problema.* Jesús les dijo a sus discípulos:

Si ustedes me aman, obedecerán mis mandamientos. (Juan 14:15)

Si realmente amamos a Jesús, no queremos pecar. El pecado, tu pecado, envió a Jesús a la cruz. Fue a la cruz voluntariamente para recibir el castigo que mereces. Es el corazón de un discípulo de Jesús seguirlo voluntariamente y dejar atrás ese horrible pecado. *La obediencia no es seguir la ley o las reglas religiosas; se trata de seguir y amar a Jesús.*

¿Estás siguiendo la ley en lugar de a Jesús?

La verdad es que muchos cristianos todavía están tratando de seguir la Ley en lugar de seguir a Jesús. Todavía viven en una "mentalidad del Antiguo Testamento" (siguiendo las reglas) en lugar del Nuevo Pacto que tenemos en Cristo (estar cerca de Dios). No caigas en esta trampa. ¡Jesús tiene una nueva manera de vivir para ti!

¿Cómo puedes saber si tu corazón está bien con Dios? ¿Cómo puede estar seguro de que está siguiendo el corazón de Jesús y no solo siguiendo las reglas? Aquí está la respuesta. Si se pregunta, «los cristianos pueden hacer (llene el espacio en blanco)», entonces está siguiendo la ley. Sí, hay listas de pecados comunes en la Biblia que siempre son pecado (no matar, no robar, etc.). La mayoría de las personas y culturas reconocen estas acciones como pecado. Pero, ¿qué pasa con las situaciones cotidianas con las que te encuentras?

El cumplimiento de la Ley busca siempre el límite de lo "permitido" por la ley. Intenta ir "directamente al borde del pecado" pero aún permanece en el área permitida. ¡Esto es seguir la ley completamente! *Si estás siguiendo a Jesús, tratarás de mantenerte lo más lejos posible del pecado para estar cerca de Él.*

La pregunta que debe hacerse a sí mismo cuando se enfrenta a una decisión no es "¿Esto está permitido para los cristianos?" La pregunta correcta es "¿Esto *agrada* a Dios?" Debe estar dispuesto a entregarse a Dios, no reclamar sus "derechos" a ciertas actividades o cosas. ¡Sigue a Jesús, ámalo y obedécelo!

UNA MIRADA A LA PALABRA

1. En Mateo 5:21-22, además de matar a alguien, ¿qué considera Jesús asesinato? _____

_____

¿Ambos fueron sometidos a qué? _____

En Mateo 5:27-28, ¿qué más considera Jesús el adulterio? ¿Por qué?

_____

_____

_____

2. Según Juan 14:15, ¿cómo demuestras tu amor por Jesús? _____

_____

_____

3. En Juan 14:23-24, ¿cómo puedes saber quién ama a Jesús y quién no?

_____

_____

¿Cuál es la recompensa por la obediencia?_____

_____

4. Según Lucas 11:28 dice, ¿quiénes dijo Jesús que son bendecidos?

_____

Como puedes ser bendecido _____

_____

5. Según 2 Juan 1:6, ¿cómo puedes caminar en el amor de Dios?

_____

_____

APLICACIÓN

En Romanos 6:16, Pablo dice: "¿Acaso no saben ustedes que, cuando se entrega a alguien para obedecerlo, son esclavos de aquel a quien obedecen? Claro que lo son, ya sea del pecado que lleva a la muerte, o de la obediencia que lleva a la justicia." Todos somos esclavos de quien o el que obedecemos. Si obedecemos al pecado, nos lleva a la muerte; si obedecemos a Jesús y sus enseñanzas, esto nos llevará a la justicia y la vida eterna.

Lean juntos las siguientes escrituras, que incluyen una lista de pecados comunes: 1 Corintios 6:9-10; Gálatas 5:19-21; Efesios 5:3-6. Puede encontrar algunos de los mismos pecados en cada lista, pero tenga en cuenta que estas listas no son exhaustivas. Discuta los diferentes pecados y por qué Dios los considera pecaminosos. ¿Necesita confesar alguno de los pecados enumerados?

Decide esta semana mostrar tu amor por Jesús obedeciendo, incluso cuando sea difícil o haz que la gente piense o hable en tu contra. Además, haz tu mejor esfuerzo para obedecer a tus padres, si aún vives en su casa, a los profesores, si estás en la escuela y cualquier supervisor en el trabajo. Dios te concede una bendición si lo haces. Escribe sobre sus experiencias abajo en "Próximos Pasos".

PRÓXIMOS PASOS

Lectura de la Biblia esta semana

Marcos 11-16. Termina de leer Marcos esta semana. Recuerde que necesitará leer un capítulo adicional. Utilice el fin de semana para leer el capítulo adicional o para compensar cualquier capítulo que se haya perdido. Preste atención a quién habla Jesús y qué enséñale ¿Cuáles son las respuestas de diferentes personas? Utilice las preguntas de "OIA" (observación, interpretación y aplicación, consulte la Lección 1, "Próximos Pasos") mientras piensa y medita sobre lo que lee.

Oración

Ore 10 minutos al día durante esta semana. Simplemente habla con Dios como si fuera un amigo cercano. Agradécele por su nueva vida, pídale que lo guíe a lo largo del día, ore por sus necesidades y pídale que bendiga a quienes lo rodean.

Obediencia

Escriba brevemente sobre una situación que ocurrió esta semana en la que decidió obedecer a Jesús, aunque fue difícil. ¿Cómo te sentiste después de obedecer o ganar la tentación?

¿De qué maneras puedes obedecer a Jesús esta semana? Listarlos abajo.

¿Hay alguien a quien deba obedecer o someterse? Escríbalos abajo.

Lección 4

Santificación:
Llegando a ser más como Jesús

La santificación es una de esas largas palabras religiosas. Es el proceso de volverse santo o seguir un estilo de vida recto sin pecado. De hecho, hemos hablado de esto antes. Simplemente se está volviendo más como Jesús. Si bien la definición es simple, ¡no parece tan simple llegar a ser más como Jesús! Pero es necesario que comprenda la siguiente verdad vital antes de que aprendamos más sobre la santificación.

Perfecto Aún Siendo Santificado

*Porque con un solo sacrificio ha **hecho perfectos para** siempre a los que **está santificando**.* (Hebreos 10:14)

¡Este es un versículo asombroso y necesitas entender esta verdad! Cuando te entregaste a Jesús y lo hiciste Señor de tu vida, tus pecados fueron completamente perdonados porque Jesús pagó el castigo por ellos tomando su castigo en la cruz. En ese momento, a los ojos de Dios, fuiste "perfeccionado" en el sentido de que Dios no ve pecado en ti. ¡Tan lejos echó tus pecados como lejos del este está el oeste (Salmo 103:12)! Realmente eres sin pecado a sus ojos. Esta parte del versículo habla del *momento* de la salvación. Sucede en un instante y el pecado que causó la separación entre Dios y tú se elimina por completo. ¡Gracias Jesús!

La segunda mitad del versículo habla del *proceso de* santificación. Como cristiano, estás libre del *castigo* e incluso del *poder* del pecado. Pero en la vida en esta tierra caída, todavía no estás libre de la *presencia* del pecado. Aún eres capaz de caer en el pecado. El perdón de Dios siempre está ahí. Arrepiéntete y vuélvete a Él rápidamente y recibirás Su perdón y restauración (1 Juan 1:9). Es un proceso para llegar a ser cada vez más como Jesús. Pero tenga la seguridad de que este es el plan de Dios para usted, y por el poder del Espíritu Santo y su determinación, ¡puede hacerlo! Cuando se somete a Dios de esta manera, puede estar seguro de que está "siendo santificado". ¡Dios es muy bueno!

Esclavo de la Justicia o Esclavo del Pecado

El apóstol Pablo, escribiendo en el libro de Romanos, hace una declaración muy fuerte cuando dice que todos somos esclavos del que obedecemos (Romanos 6:16). Otra forma de pensar es que todo lo que servimos, ya sea una persona, una cosa o incluso un pensamiento, es nuestro maestro. Tómese unos minutos ahora para tomar un descanso de este estudio y lea todo el capítulo 6 de Romanos en su Biblia. Esto le ayudará a comprender mucho mejor este concepto.

> *19 Antes ofrecían ustedes los miembros de su cuerpo para **servir a la impureza, que lleva más y más a la maldad;** ofrezcalos ahora para **servir a justicia** que lleva a santidad. 20 Cuando ustedes eran **esclavos del pecado**, estaban libres del dominio de la justicia. 21 ¿Qué fruto cosechaban entonces? ¡Cosas que ahora los avergüenzan y que conducen a la muerte! 22 Pero ahora que han sido liberados del pecado y se han puesto al **servicio de Dios**, cosechan la santidad que conduce a la vida eterna.*
> (Romanos 6: 19b-22)

Esta parte de Romanos 6 revela algunas verdades importantes. Primero, a los ojos de Dios, todos somos esclavos de una de estas dos cosas: la justicia o el pecado. Alguien podría decir: "Hago lo que quiero. ¡No soy esclavo de nada! " La verdad es que si estás tratando de hacer "lo tuyo" sin Dios, en realidad eres un esclavo de la impureza, el mal y el pecado, y el resultado es la "muerte".

En segundo lugar, no se puede servir a la justicia y al pecado al mismo tiempo. El versículo 22 dice que cuando eres "liberado del pecado", ahora eres un "esclavo de Dios". Esto puede parecer cruel, pero también eres hijo o hija de Dios Padre, coheredero con Jesús de una gran herencia y ciudadano del Reino de Dios con todos sus beneficios. Lo que Pablo está tratando de enfatizar en este pasaje es que cualquier cosa que usted presente u ofrezca, es un esclavo de ello. Por lo tanto, sométe a Dios, no al pecado. El resultado de su elección conduce a la vida o la muerte eterna.

Consagrate a Dios

Muchas veces en la Biblia, el pueblo de Dios ha sido llamado a consagrarse, especialmente antes de un evento religioso o una actividad importante como una batalla. Este es un concepto muy similar a la santificación. Es fácil caer en la trampa de que esto simplemente significa "dejar de pecar" o separarse del pecado. De hecho, la consagración significa acercarse a Dios. Esto significa que necesita separarse de las oportunidades para pecar, pero el énfasis está en desear estar cerca de Dios. Recuerde: en la Lección 3 dijimos que sí está siguiendo a Jesús, querrá mantenerse alejado del pecado y cerca de Él. Estar cerca de Jesús es la clave. Si lo hace, incluso pensar en el pecado sucederá cada vez con menos frecuencia.

*[1] Por tanto, también nosotros, que estamos rodeados de una multitud tan grande de testigos, **despojémonos del lastre que nos estorba, en especial del pecado que nos asedia**, y corramos con perseverancia **la carrera que tenemos por delante**, [2a] **fijemos la mirada en Jesús,** el iniciador y perfeccionador de nuestra fe.* (Hebreos 12:1-2a)

Estos versículos del Nuevo Testamento del libro de Hebreos ilustran esta verdad. Estás en una nueva carrera ahora, ¡la carrera para cumplir el propósito de Dios en tu vida! ¿Quieres cargar pesos pesados o enredarse en las cadenas del pecado en esta carrera? ¡Claro que no! Quieres correr lo mejor que puedas. Otros seguidores de Cristo te apoyan. Corre con perseverancia, manteniendo tus ojos en Jesús (manteniéndote cerca de Él). Jesús comenzó esta obra en tu corazón y puedes confiar en Él para que tu fe sea "perfecta". A lo largo de la jornada de esta carrera, se volverá cada vez más como Jesús. ¡Un día lo verás cara a cara mientras te espera en la línea de meta!

UNA MIRADA A LA PALABRA

1. Lea Hebreos 10:14. ¿Cómo podemos ser «perfectos» ahora y seguir siendo perfectos"? _____

_____

_____

_____

2. Lea Romanos 6:19b-22.

¿A qué solías ofrecerte antes de caminar con Jesús? _____

_____

Cuando eras esclavo del pecado, ¿de qué eras libre? _____

_____

¿Cuál fue el resultado? _____

Ahora, ¿de quién eres esclavo? _____

¿De qué estás libre? _____

¿Cuál es el resultado? _____

3. Lea Hebreos 12:1-2a.

¿Qué le entregarás? _____

_____

Entonces, ¿qué debería hacer? ¿Cómo vas a correr? _____

_____

¿Cómo se describe a Jesús en estos versículos? _____

_____

¿Qué carrera está programada para ti personalmente ahora? ¿Tiene un sentido del propósito de Dios para su vida? _____

_____

_____

4. Lea 1 Timoteo 4:7-8.

¿Cuál es el valor del entrenamiento físico? _____

_____

Por qué el entrenamiento para ser piadoso es más valioso? _____

_____

_____

¿Qué pasos prácticos puede tomar para capacitar ser piadoso?

_____

_____

_____

_____

APLICACIÓN

Discuta con su discipulador las formas de entrenar para ser piadoso. (Recuerde que el entrenamiento físico tiene cierto valor, por lo que puede incluirse cuidarse mejor físicamente). Parte de ese entrenamiento incluye confesar pecados, pedir perdón y perdonar a los demás. Si lo desea, revise las Escrituras de la semana pasada sobre el pecado: 1 Corintios 6:9-10; Gálatas 5:19-21. ¿Por qué debemos seguir lo que la Biblia dice que es pecaminoso en lugar de lo que el mundo dice que es pecaminoso? ¿Hay algún pecado que debas confesar? ¿Hay alguien a quien necesites pedir perdón o a quien necesites perdonar? Haga esto ahora con su guía para adquirir el hábito de confesar y perdonar.

Si tiene dificultades para leer la Biblia y orar todos los dias, hable con su discipulador y pídale que ore por usted. Se dice que se necesitan 30 días para formar un hábito. Con su discipulador, establezca un tiempo para su devocional todos los días de esta semana. Establezca la meta de que durante los próximos 30 días, no se irá a la cama por la noche antes de tomarse un tiempo para leer y orar si no lo ha hecho al principio del día.

PRÓXIMOS PASOS

Leyendo la Biblia esta semana

Romanos 1-5. Empiece a leer Romanos. Intente leer un capítulo al día durante cinco días a la semana utilizando el fin de semana para recuperar cualquier capítulo que se haya perdido. Romanos tiene dieciséis capítulos, por lo que debería terminar Romanos en tres semanas, leyendo seis capítulos en la última semana, que será después de la Lección 6 de este librito. Romanos es una carta escrita por el apóstol Pablo a la iglesia en Roma. La atención se centra en la justicia de Dios y en cómo la gracia de Dios es más poderosa que el pecado. Todavía puede utilizar las preguntas básicas de "OAI" al leer Romanos.

Observación
¿Qué significa esto?

Interpretación
¿Qué significa esto? (Recuerde esta regla de interpretación: las Escrituras no pueden significar para nosotros hoy lo que nunca significó para las personas en el período de tiempo en que fueron escritas).

Aplicación
¿Qué significa esto para mí? (Escriba lo que aprendió de Dios o acerca de Dios).

Oración

Ore durante 10 minutos al día esta semana. Simplemente habla con Dios como si fuera un amigo cercano. Agradécele por su nueva vida, pídale que lo guíe a lo largo del día, ore por sus necesidades y pídale que bendiga a sus seres queridos.

Obediencia

Esta semana trabajarás para ser piadoso. Escriba su tiempo devocional en su diario. Anote lo que hará esta semana como parte de su autoformación.

Lección 5

Perdón: Recibir y Dar

¡Estás Perdonado!

¡Todos los días puedes regocijarse y agradecer a Dios porque tus pecados son completamente perdonados cuando se los confiesas a Jesús! La muerte de Jesús en la cruz fue la obra completa para su perdón para siempre. Declare los siguientes versículos que su pecado ha sido perdonado, cubierto y nunca contará en su contra.

> *7 ¡Dichosos aquellos a quienes se les **perdonan** las transgresiones y se les **cubren** los pecados! 8 ¡Dichoso aquel cuyo pecado el Señor **no tomará en cuenta**!* (Romanos 4:7-8)

Si es nuevo en su jornada con Jesús, algunos de sus amigos y familiares pueden cuestionar su compromiso con Dios. Podrían decir cosas como, "¿Cómo puedes seguir a Jesús después de todas las cosas malas que has hecho?" Seguramente Satanás, tu adversario, te acusará y tratará de desanimarte. ¡Pero puedes decirles a todos con confianza que has sido perdonado y estás limpio! El Señor nunca contará tu pecado en tu contra.

Sin duda, encontrará momentos en los que piensa que ha hecho algo que Dios simplemente no puede perdonar. Puedes volver a pecar en un área de lucha en tu vida. Puedes deshacerte de este pecado, pero lo primero que debes recordar es que Dios siempre está listo para perdonarte y restaurarte. ¡Nunca cedas a la mentira de que Dios no te perdonará! Él prometió perdonarlos, como vemos en este versículo bien conocido:

> *Si confesamos nuestros pecados, Dios, que es **fiel y justo**, nos perdonará y nos limpiará de toda maldad.* (1 Juan 1:9)

Si peca, confiésalo rápidamente al Señor. Dios es fiel para perdonarte y limpiarte de la maldad. Luego trate de acercarse cada vez más a Jesús, como aprendimos en la lección de santificación anterior. (Si lo encuentra útil, confiésalo a un amigo de confianza o a su discipulador en este estudio para que puedan orar con usted).

Perdona Setenta Veces Siete

El perdón es una de las características distintivas de Dios. Si queremos ser como Él, debemos aprender a perdonar a los demás. Así como hemos sido perdonados por Dios, debemos ser rápidos para perdonar a otros que han pecado contra nosotros. A veces podemos cansarnos de ser ofendidos o heridos por alguien. Pedro le preguntó a Jesús cuántas veces deberíamos perdonar a alguien, Jesús le respondió a Pedro y le contó una parábola. **Por favor, lea la parábola completa en Mateo 18:21-35**, ya que a continuación solo se cita una parte:

Pedro se acercó a Jesús y le preguntó: "-Señor, ¿cuántas veces tengo que perdonar a mi hermano que peca contra mí? ²² -No te digo que hasta siete veces, sino hasta setenta y siete veces -le contestó Jesús-." (Mateo 18:21-22)

"³² Entonces el señor mandó llamar al siervo. ¡Siervo malvado! -le increpó-. Te perdoné toda aquella deuda porque me suplicaste. ³³ ¿No debías tú también haberte compadecido de tu compañero, así como yo me compadecí de ti? *³⁴ Y, enojado, su señor lo entregó a los carceleros para que lo torturaran hasta que pagara todo lo que debía. ³⁵ Así también mi Padre celestial los tratará a ustedes, a menos que cada uno perdone* **de corazón** *a su hermano".* (Mateo 18:32-35)

En la parábola, el siervo malvado a quien el amo perdonó mucho, no perdonaría a quien le debía mucho menos. La respuesta del maestro fue severa. No perdonar a alguien de corazón (perdón sincero) tiene graves consecuencias. El perdón no es un sentimiento, debes *elegir* perdonar, pero es más que una elección porque el perdón es en realidad una *obligación* de nuestra parte si queremos que Dios nos perdone. Jesús dijo directamente que si no perdonas los pecados de los demás, Dios no perdonará sus pecados (Mateo 6:15).

Las Cadenas de la Falta de Perdón

Quizás no haya mayor fuerza o barrera para su crecimiento espiritual que la falta de perdón. Es como si tu corazón estuviera atrapado en una cadena. Hay un gran peso unido a esta cadena y te arrastrará a la amargura e incluso a la ira. La falta de perdón destruirá su relación con otras personas (no solo con el que ha pecado contra usted) y ciertamente su relación con Dios.

*¹² Perdónanos nuestras deudas (pecados), como también nosotros hemos perdonado a nuestros deudores (los que pecan contra nosotros). ¹³ Y no nos dejes caer en tentación, sino líbranos del maligno. ¹⁴ Porque, **si perdonan a otros sus ofensas**, también los perdonará a ustedes su Padre celestial. ¹⁵ Pero, si no perdonan a otros sus ofensas, tampoco su Padre les perdonará a ustedes las suyas.* (Mateo 6:12-15)

Perdonar a alguien no depende de que pida perdón. El versículo 14 no dice: "Si perdonas a alguien **cuando te pide** perdón". Cuando se siente implacable con otra persona, puede pensar que la está castigando por no hablar con ella, etc. ¡Pero es todo lo contrario! Estás atrapado en las cadenas de la falta de perdón y no puedes superar la ofensa. Sabes que esto es cierto porque parece que nunca puedes escapar de la amargura y el dolor.

No es sin propósito que el versículo 13 esté entre los versículos que hablan del perdón. Al maligno le encanta separar las relaciones y la falta de perdón es una de sus mayores armas. El perdón es una decisión, no un sentimiento. Arrepiéntete de no perdonar a los demás. Pídale a Dios que le ayude a perdonar. Di las palabras en voz alta, perdona a quienes te lastimaron, pídele a Dios que los bendiga, dáselas a Dios y serás libre. ¡Libérate de las cadenas!

UNA MIRADA A LA PALABRA

1. Según 1 Juan 1:9, cuando confesamos nuestros pecados, ¿qué es Dios siempre fiel y justo para hacer?_____

2. Lea Efesios 1:7-8. ¿Qué significa redención? _____

_____

¿Tenemos redención y perdón de pecados según qué? _____

_____

¿Cuánto de la gracia de Dios recibimos? _____

_____

3. Lea Mateo 18:21-35.

¿Con qué frecuencia debemos perdonar a alguien que peca contra nosotros

(versículo 22)? _____

Jesús cuenta una parábola sobre dos hombres que deben dinero. ¿Cuánto

debe el primer hombre (v. 24)? _____

¿Qué se debe hacer para pagar la deuda (v. 25)? _____

_____

Cuando el siervo pidió misericordia, ¿qué hizo el amo (v. 27)? _____

_____

¿Cuánto le debía el segundo hombre a su consiervo (v. 28)? _____

_____

Cuando el segundo hombre pidió misericordia, ¿qué hizo su consiervo

(v. 30)? _____

Si el siervo hubiera recibido su dinero, ¿habría sido suficiente para pagar

su deuda con el amo? _____

¿Cómo llamó el amo al siervo que se negó a perdonar la deuda (v. 32)?

¿Qué le hizo al siervo y por qué (versículos 33-34)? _____

_____

_____

¿Qué tan grande es la deuda que le debes a Jesús? ¿Qué lección estaba

enseñando Jesús (v. 35)? _____

_____

4. Lea Mateo 6:14-15.

¿Por qué es importante perdonar a los demás cuando pecan contra ti?

¿Cómo nos librará del maligno el perdonar a los demás? _____

APLICACIÓN

Un concepto importante para entender en 1 Juan 1:9 es que Dios no solo es fiel para perdonarnos cuando nos arrepentimos, sino que también es justo para perdonarnos. Puedes entender que Él es fiel para perdonar, pero ¿qué tiene que ver Su justicia con perdonarnos? La respuesta es que Dios tiene un reino y Su reino tiene leyes. Una de las leyes de Dios es "La paga del pecado es muerte" (Romanos 6:23a). Esto significa que el pago (salario) de los que pecan es que morirán. En el Antiguo Testamento, Dios instituyó una ley según la cual perdonaría los pecados con el sacrificio de la sangre de un animal. Jesús reemplaza todos los sacrificios de animales a la vez con Su propia muerte en la cruz. Todos los que creen y aceptan Su muerte como pago por sus pecados ahora son perdonados. Debido a que Jesús ahora pagó el precio por nuestros pecados, la *justicia exige que seamos perdonados* y limpiados de toda maldad cuando nos arrepentimos y confesamos nuestros pecados a Dios. La promesa de la vida eterna también es importante porque incluso si nuestros cuerpos terrenales mueren, viviremos eternamente con Dios y un día recibiremos un cuerpo celestial como Jesús ahora tiene. Escriba sus respuestas en su cuaderno a las preguntas siguientes en "Pasos siguientes".

PRÓXIMOS PASOS

Leyendo la Biblia esta semana

Romanos 6-10. Continúe leyendo Romanos. Intente leer un capítulo al día durante cinco días a la semana utilizando el fin de semana para recuperar cualquier capítulo que se haya perdido. Romanos tiene dieciséis capítulos, por lo que debería terminar Romanos en tres semanas, leyendo seis capítulos en la última semana, que será después de la Lección 6 de este librito. Romanos es una carta escrita por el apóstol Pablo a la iglesia en Roma. La atención se centra en la justicia de Dios y en cómo la gracia de Dios es más poderosa que el pecado. Aún puede usar las preguntas básicas de "OAI" al leer Romanos (vea "Primeros pasos en la Lección 4).

Oración

Ore 10 minutos al día durante esta semana. Simplemente habla con Dios como si fuera un amigo cercano. Agradécele por su nueva vida, pídale que lo guíe a lo largo del día, ore por sus necesidades y pídale que bendiga a quienes lo rodean.

Obediencia

Considere las siguientes preguntas:

• ¿Ha cometido algún pecado que le dificulte creer que Dios lo ha perdonado? Diga Efesios 1:7-8 y 1 Juan 1:9 acerca de usted mismo y esté de acuerdo con lo que Dios dice acerca de usted.

• ¿Te resulta difícil perdonar a alguien? Enumere los nombres y eventos en una hoja de papel. Diga en voz alta que perdona a estas personas. Luego ore por su bienestar para que Dios los bendiga. Cuando termines, rompe el papel y tíralo como señal de que los has perdonado por completo. Comparta su experiencia con su guía.

Lección 6

Confiando en Dios: Viviendo por Fe

Fe: La Lengua De Dios

Se ha dicho que la fe es el lenguaje de Dios. La fe es lo que nos conecta con Dios; es nuestro "canal" de comunicación con el Espíritu Santo que vive en nosotros como seguidores de Cristo. No hay duda de que nuestra relación con Dios comienza, crece y madura a través de la fe. Venimos a Dios con fe, creyendo que Él es real y accesible para nosotros.

En realidad, sin fe es imposible agradar a Dios, ya que cualquiera que se acerca a Dios tiene que creer que Él existe y que recompensa a quienes lo buscan. (Hebreos 11:6)

Pero que pida **con fe, sin dudar**, *porque quien duda es como las olas del mar, agitadas y llevadas de un lado a otro por el viento. ⁷ Quién es así no piense que va recibir cosa alguna del Señor; ⁸ es indeciso e inconstante en todo lo que hace.* (Santiago 1:6-8)

Cuando hablas con el Señor, necesitas venir con fe, creyendo verdaderamente que Él te escucha y responderá. La duda puede bloquear tu comunicación con Dios. ¡Puede estar seguro del amor de Dios por usted y que Él cumplirá su palabra! No seas ambiguo. Ve a Dios con fe, no lo dudes.

Es importante entender que Dios no responde a la **necesidad** *tanto como responde a la* **fe**. Ciertamente puede llevar sus necesidades a Dios en oración. De hecho, se nos dice que hagamos esto (Filipenses 4:6). Pero cuando vengas ante Dios con tus necesidades, no le ruegues a Él. Demuestra que no estás seguro de que Él responderá. Debes pedir con fe, creyendo que Dios responderá tu oración. ¡Dios responde a su fe en Él para cumplir sus promesas!

Dios Siempre es Bueno

Puede pensar que es obvio que Dios siempre es bueno, pero a menudo los pensamientos y acciones de los cristianos demuestran que no creen verdaderamente que Dios es bueno en TODAS las situaciones. ¡Somos como los discípulos en la barca con Jesús cuando se encontraron con una fuerte tormenta repentina, y Jesús continuó durmiendo! Aquí está la historia en Marcos.

*³⁷ Se desató entonces una fuerte tormenta, y las olas azotaban la barca, tanto que ya comenzaba a inundarse. ³⁸ Jesús, mientras tanto, estaba en la popa, durmiendo sobre un cabezal, así que los discípulos lo despertaron. - ¡**Maestro!** -gritaron-, ¿no te importa que nos ahoguemos?* ³⁹ Él se levantó, reprendió al viento y ordenó al mar: - ¡Silencio! ¡Cálmate! El viento se calmó y todo quedó completamente tranquilo. *⁴⁰ ¿Por qué tienen tanto miedo? - dijo a sus discípulos - ¿Todavía no tienen fe?* ⁴¹ Ellos estaban *espantados y se decían unos a otros: ¿Quién es este, que hasta el viento y el mar le obedecen? "* (Marcos 4:37-41)

¡Es fascinante que los discípulos estuvieran más aterrorizados por Jesús que por la tormenta! Es porque no entendieron la magnitud de dos cosas acerca de Jesús: su amor por ellos y su poder. Para los discípulos en ese momento, Jesús todavía era el "maestro", ¡pero descubrieron que Él es mucho más! Caemos en la misma trampa de no entender que Dios nos ama y es bueno con nosotros en TODAS las situaciones. Dios SIEMPRE es bueno y siempre tiene el poder de rescatarnos. Jesús básicamente les preguntó: "¿Por qué tienen tanto miedo? ¿No tienes fe en que soy bueno y tengo el poder de cuidarte? " Cuando comprendas que Dios siempre es bueno y que siempre te ama, podrás vivir tu vida sin miedo.

*Sino que **el amor perfecto echa fuera el temor.*** (1 Juan 4:18)

La verdad es que, si no cree que Dios siempre es bueno, llegará a creer que no siempre puede confiar en Él. Si no puedes confiar en Él todo el tiempo, entonces no puedes poner toda tu fe en Él. ¡Nunca creas la mentira de que Dios no siempre es bueno! No esté de acuerdo con las acusaciones del diablo de que Dios le está negando algo bueno o que Dios realmente no se preocupa con usted, o que no es digno del amor de Dios. El amor de Dios por ti es incondicional. Él tiene grandes cosas para ti y grandes planes para tu vida. Puedes confiar en Él.

Una Nueva Realidad: Andando por Fe, no por Vista

Vivimos por fe, no por vista. (2 Corintios 5:7)

*Así que no nos fijamos en lo visible, sino en lo invisible, ya que lo que se ve es pasajero, **mientras que lo que no se ve es eterno**.* (2 Corintios 4:18)

Tu jornada con Jesús es una jornada de fe. Para tener éxito, debe aprender a "ver" las cosas que no se ven a través de una nueva lente espiritual. Aunque a veces es un desafío entenderlo, el mundo espiritual es una realidad, mientras que el mundo natural es sólo una manifestación de las realidades espirituales que te rodean. Esto no significa que los ángeles o los demonios se esconden detrás de cada arbusto. Significa que debes pedirle a Dios todos los días que te ayude a discernir el mundo espiritual y ser guiado por el Espíritu Santo.

También significa que no todo en tu caminar con Jesús tendrá sentido en lo natural. A veces no es fácil "ver" lo que Dios está haciendo, pero aún puedes confiar en Él porque Él siempre es bueno. Manténgase cerca de Jesús y pídale guía al Espíritu Santo.

A veces, las promesas de Dios pueden ser difíciles de "ver" porque están demorando mucho. Dios le dio a Abraham una gran promesa de que sus descendientes formarían una nación, pero tener un hijo con su esposa tomó muchos años. De hecho, su esposa ya no podía tener hijos. Así Como se mantuvo la fe en los siguientes versículos:

*Ante la **promesa de Dios no vaciló como un incrédulo,** sino que reafirmó su fe y dio gloria a Dios, **21 plenamente convencido de** que Diois tenía poder para cumplir lo que había prometido.* (Romanos 4:20-21)

Fe es estar "plenamente convencida" de que Dios cumplirá Sus promesas, ¡aunque no parezca posible en lo natural! Así es como Dios quiere que vivamos, y ese tipo de vida es posible en Jesús. ¡Es una verdadera aventura!

Una última palabra sobre la fe. La fe no es un sentimiento o simplemente una convicción interior. La verdadera fe siempre requiere una respuesta de nuestra parte. Necesitamos actuar de acuerdo con la palabra o promesa que Dios nos ha dado. No se puede tener una mentalidad de "buzón de correo", sentado sin hacer nada (o incluso orando) mientras espera que la promesa se presente. La respuesta requiere un "paso de fe" de su parte. Si Dios te dice que camines sobre el agua, ¡debes tener fe para salir del barco!

UNA MIRADA A LA PALABRA

1. Según Hebreos 11:6, ¿es imposible agradar a Dios sin que? ¿Por qué?

_____

_____

_____

_____

2. Según Santiago 1:6-8, ¿cómo es una persona que duda? _____

_____

¿Recibirán algo del Señor? ¿Por qué o por qué no? _____

_____

_____

_____

3. ¿Qué estaba haciendo Jesús cuando vino la tormenta en el lago y casi llenó la barca de agua en Marcos 4:37-41? _____

_____

¿Por qué lo despertaron los discípulos? _____

_____

¿Cómo respondió Jesús a la tormenta y a los discípulos? _____

_____

_____

4. ¿Qué hace el amor perfecto según 1 Juan 4:18? ¿Por qué? _____

_____

_____

_____

5. ¿Cómo debemos vivir de acuerdo con 2 Corintios 5:7? _____

_____

_____

Según 2 Corintios 4:18, ¿en qué fijamos nuestros ojos? ¿Por qué?

_____

_____

_____

6. ¿Por qué Abraham fue fortalecido en su fe, según Romanos 4:20-21?

_____

_____

_____

7. Según Hebreos 11:1, ¿qué es la fe? _____

_____

_____

En Marcos 11:22-24, ¿en quién dijo Jesús que debemos tener fe?

¿Por qué? _____

_____

_____

APLICACIÓN

La Fe crece en el suelo del amor. Cuanto más comprenda el amor inagotable de Dios por usted, más fe tendrá. Dios quiere que confíes en que Él te escucha y tiene el poder y el deseo de responder a tus oraciones. Cuando dudas, Santiago dice que tienes la mente dividida, preguntas, pero no estás seguro de si Dios te lo dará, y como resultado eres inestable en todos tus caminos. Las personas inestables cuestionan el carácter de Dios y no son confiables. En Marcos 4, los discípulos dudaron del amor de Jesús por ellos cuando lo acusaron de no preocuparse si se ahogaban. La respuesta de Jesús fue, en efecto, "¿Por qué tienes tanto miedo? ¿No tienes fe en que te amo y voy a cuidar de ti? "

Cuando comprendes el amor de Dios y que Él siempre está contigo, Su amor perfecto debería eliminar todo temor. Tememos porque no creemos que Dios esté con nosotros, que escuche nuestras oraciones o que tenga el poder y el deseo de respondernos. También confiamos más en nuestros sentidos naturales (lo que vemos, oímos, olemos, gustamos y tocamos) que en lo que Dios realmente dice. Es hora de creer como Abraham: completamente convencido de que Dios tiene el poder de hacer lo que dice. No miente; es Satanás quien miente. Es hora de dejar de creer en las mentiras de nuestro enemigo y creer en quien nos ama lo suficiente como para morir por nosotros.

PRÓXIMOS PASOS

Lectura de la Biblia esta semana

Romanos 11-16. Termina de leer Romanos esta semana. Romanos es una carta escrita por el apóstol Pablo a la iglesia en Roma. La atención se centra en la justicia de Dios y en cómo la gracia de Dios es más poderosa que el pecado.

Oración

Ore 10 minutos al día durante esta semana. Simplemente habla con Dios como si fuera un amigo cercano. Agradécele por su nueva vida, pídale que lo guíe durante el día, ore por sus necesidades y pídale que bendiga a sus seres queridos.

Obediencia

Toma una hoja de papel y dóblala por la mitad de arriba a abajo. Por un lado, escribe las mentiras que creíste acerca de Dios (podrían ser cosas como que Él no te ama, no perdonó un pecado, no sana, etc.). En el otro lado, escriba la verdad bíblica y escriba la referencia de las Escrituras si la conoce. Corta el papel por la mitad. Rompe y tira el lado de las mentiras. Lea en voz alta y declare la verdad de Dios. ¡Declara que Dios te escucha, te ama y cumplirá sus promesas!

Respuestas

Lección 1 - Convertirse en un Discípulo

1. - Jesús nombró a los 12 discípulos para que estuvieran con Él, enviarlos a predicar y tener la autoridad para expulsar demonios.

- Es importante para mí estar con Jesús para poder aprender de Él.

- Hago esto leyendo la Biblia, orando y escuchando a Dios y pasando tiempo con otras personas que lo conocen (como en la iglesia, un grupo pequeño o una relación de discipulado).

2. - El objetivo de un alumno en Mateo 10:24-25 es ser como su maestro.

-Algunos maestros en mi vida son ... (ejemplos: pastor, líder de grupo pequeño, discipulador, maestro de Biblia en el radio, televisión o internet, etc.).

3. - Se coloca un yugo alrededor del cuello de los animales de la granja para arar un campo o cargar de un carro. Cuando se utilizan dos animales, disminuye el peso que cada uno debe cargar.

- El yugo de Jesús es fácil y su carga es liviana porque está tirando de la mayor parte, si no de todo, del peso.

- Si siento que el yugo de Jesús es pesado, puede ser porque estoy tirando de la mayor parte del peso; Yo llevo la mayor parte de la carga. (Agregue cualquier otra razón que tenga.)

4. - Según Juan 14:12-14, podremos hacer cosas más grandes que Jesús porque Él fue para estar con el Padre (ahora está con el Padre).

- Hacemos esto pidiendo cualquier cosa en el nombre de Jesús porque el Padre es glorificado en el Hijo.

5. - Hacer discípulos era la prioridad de Jesús porque quería que todos lo conocieran y encontraran perdón, amor, sanación, descanso, etc.

Lección 2 - Hacer de Jesús el Señor

1. - Para ser salvo, debes **declarar** con tu boca "Jesús es el Señor" y **creer** en tu corazón que Dios lo resucitó de entre los muertos.

- Debes hacer ambas cosas porque cuando **crees** con tu corazón eres

justificado (declarado justo o inocente) y cuando **declaras** tu fe con tu boca eres **salvo**.

2. - Para ser discípulo de Jesús, debes tomar tu cruz todos los días y seguirlo.

- Eso significa que seguir a Jesús significa que debes morir a ti mismo y hacer lo que Jesús nos enseña a hacer en Su Palabra.

- Haces esto porque si quieres salvar tu vida, debes perderla, pero si pierdes tu vida, la salvarás. Puedes ganar el mundo entero (riquezas, hogares, etc.) pero perder la vida eterna.

3. - Para ser un discípulo de Jesús, debes cargar tu cruz - entregar todo.

- Dios me está pidiendo que entregue ... (ejemplos: algo que haces, como beber, fumar, sexo fuera del matrimonial, chismes; algo que tienes, como tipos de ropa; alguien que te gusta, o tal vez Dios quiere que perdones a alguien que te lastimó).

4. - El hombre le preguntó a Jesús: "¿Qué debo hacer para heredar la vida eterna?"

- Él guardó los mandamientos enumerados por Jesús.

- Jesús dijo que necesitaba venderlo todo, dárselo a los pobres y luego seguirlo.

- El hombre se fue triste porque era muy rico y le costaba abandonar sus riquezas.

- Algo difícil de dar es:

5. Dar a los pobres o vivir en dificultades no es necesariamente evidencia de que Jesús sea el Señor de tu corazón. Estas buenas obras deben ser una manifestación de su amor por Jesús.

Lección 3 - La Obediencia: La Ley Versus el Corazón

1. - Jesús considera que quien se enoja con un hermano o hermana también es un asesino. Matar a alguien y enojarse se consideraban asesinato y, por lo tanto, estaban sujetos a juicio.

- Jesús considera que mirar a una mujer con deseo era adulterio porque la persona cometió adulterio en su corazón.

2. Muestras tu amor por Jesús obedeciendo sus mandamientos.

3. - Puedes conocer a los que aman a Jesús porque obedecen sus enseñanzas; los que no lo aman no obedecen sus enseñanzas.

- La recompensa por la obediencia es que el Padre amará a la persona y Jesús y el Padre harán su morada con él.

4. - Jesús dice que aquellos que escuchan la palabra de Dios y la obedecen son bienaventurados.

- Si escucho y sigo tus mandamientos, seré bendecido.

5. Camino en amor cuando obedezco los mandamientos de Dios.

Lección 4 - Santificación: Llegar a ser más como Jesús

1. - Nos volvimos perfectos en el momento en que creímos en Jesús y lo declaramos Señor porque nuestros pecados fueron perdonados. Estamos siendo perfeccionados (volviéndonos más como Cristo) a medida que elegimos obedecer y caminar con Dios. Ser perfeccionado es un proceso para el resto de nuestras vidas.

2. - Solía ofrecerme como esclavo de la impureza y del mal que conduce al mal.

- Cuando era esclavo del pecado, estaba libre de la justicia.

- El resultado fue la muerte.

- Ahora soy esclavo de Dios.

- Estoy libre de pecado.

- El resultado es la vida eterna.

3. - Debo deshacerme de todo lo que me obstaculiza y del pecado que obstaculiza mi capacidad para correr.

- Debo correr la carrera marcada para mí. Debo correr con perseverancia.

- Según este versículo, Jesús es el autor y consumador (perfeccionador) de mi fe.

- La carrera marcada para mí ahora es ... (escribe lo que sientes o crees que es el propósito de Dios para ti).

4. - El entrenamiento físico tiene cierto valor: mantiene tu cuerpo sano, ayuda a mantener un buen peso, fortalece tus músculos, mantiene tu corazón fuerte.

- Entrenarse para ser piadoso tiene más valor porque tiene valor para todas las cosas en la vida presente y en la vida futura.

- Cosas que puedo hacer para entrenar para ser piadoso: buscar a Dios todos los días a través de de oración y lectura de la Biblia, dar diezmos y ofrendas, servir a los demás, reunirse regularmente con otros creyentes (en la iglesia, grupos pequeños, grupos de oración, etc.), escuchar enseñanzas, leer libros, confesar mis pecados a los demás, permitir que otros me corrijan, pedir perdón por los pecados, perdonar a los demás, etc.

Lección 5 - Perdón: Recibir y Dar

1. Dios es fiel y justo para perdonar nuestros pecados y limpiarnos de toda maldad.

2. - La redención es el acto de recomprar algo.

- Tenemos redención y perdón de pecados según las riquezas de la gracia de Dios.

- Recibimos una cantidad excesiva (las riquezas) de la gracia de Dios.

3. Mateo 18:21-35

- Debemos perdonar 70 veces 7. Jesús no estaba poniendo un límite, pero estaba diciendo que siempre debes perdonar.

- El primer hombre debe 10,000 sacos de oro (en griego dice 10,000 talentos, que es aproximadamente el salario de 20 años para un jornalero).

- Para saldar la deuda, vendieron a su esposa e hijos.

- El amo le perdonó toda la deuda cuando el criado le suplicó que tuviera paciencia.

- El segundo le debía a su compañero 100 monedas de plata (en griego dice 100 denarios, un denario era el salario diario normal de un jornalero).

- Cuando el segundo hombre pidió misericordia, su compañero de servicio se negó y ordenó que el hombre fuera arrestado.

- Incluso si el sirviente hubiera recibido el dinero, no habría sido suficiente para pagar su deuda con el amo.

- El amo llamó al siervo que se negó a perdonar la deuda. Lo entregó a los carceleros para que lo torturaran hasta que pudiera pagar lo que debía.

- La deuda que le debo a Jesús es enorme, demasiado grande para pagarla.

Jesús estaba enseñando que nuestra deuda es demasiado grande para que la paguemos, como el primer siervo, y Dios nos perdonó. Por lo tanto, siempre debemos perdonar a quienes pecan contra nosotros, sin importar cuán grande o pequeña sea la deuda.

4. - Es importante perdonar a los demás cuando pecan contra mí porque mi Padre celestial me perdonará cuando peco. Si no perdono a los demás, Él no me perdonará a mí.

- Perdonar a los demás nos libera del maligno porque nos mantiene alejados de la amargura y el dolor que son el resultado de reprimir una ofensa. El perdón también nos mantendrá alejados del orgullo, pensando que de alguna manera somos menos pecadores que otras personas.

Lección 6 - Confiando en Dios: Viviendo por la Fe

1. Es imposible agradar a Dios sin fe porque debes creer que Él existe y que recompensa a quienes lo buscan.

2. - El que duda es como una ola del mar que es arrastrada y sacudida por el viento.

- No recibirán nada del Señor porque están divididos e inestables en todo lo que hacen.

3. - Cuando llegó la tormenta en el lago, Jesús estaba durmiendo sobre una almohada en la popa.

- Los discípulos lo despertaron con miedo a ahogarse y lo acusaron de no importarle.

- Jesús calmó la tormenta y preguntó a los discípulos por qué tenían tanto miedo y si todavía no tenían fe.

4. El amor perfecto expulsa el miedo. Esto sucede porque el amor perfecto es Dios y, si está con nosotros, no tenemos por qué temer.

5. - Debemos vivir por fe y no por vista.

- Fijamos la mirada en lo invisible porque es eterno, en lugar de lo que se ve porque es temporal.

6. Abraham se fortaleció en su fe en la promesa de Dios porque estaba completamente persuadido de que Dios tenía el poder para hacer lo que había prometido.

7. - La fe es la certeza de lo que esperamos y la prueba de las cosas que no vemos.

- Jesús nos dice que tengamos fe en Dios porque todo lo que pidamos en la oración, si creemos que lo hemos recibido, será nuestro (incluso algo tan grande como decir una montaña a tirarse al mar).

SOBRE LOS AUTORES

Scott y Sherri Dalton se desempeñan como Directores Internacionales de Missio Global. Tienen 30 años de experiencia en la iniciación de iglesias y capacitación de liderazgo para el ministerio, incluidos más de catorce años en Brasil, donde plantaron una iglesia y lanzaron la primera Escuela Ministerial Internacional Missio Global. Scott y Sherri también se desempeñaron como profesores adjuntos en Kilimanjaro Christian College en Tanzania. Ambos tienen un doctorado en Summit Bible College. Los Dalton residen actualmente en los Estados Unidos y tienen cinco hijos adultos y seis nietos.

Sobre Missio Global
La Missio Global se asocia con iglesias de todo el mundo que brindan recursos para hacer discípulos, capacitar líderes y fundar iglesias. Nuestra visión es ver a cientos de iglesias entrenando a miles de líderes, alcanzando a millones de personas para Cristo en todo el mundo.

Escuela Ministerial Missio Global
La Escuela Ministerial Missio Global es una asociación entre Missio Global e iglesias de todo el mundo. Esta escuela es un valioso programa de capacitación de uno o tres años que las iglesias pueden usar para equipar a su congregación y desarrollar líderes emergentes.

La iglesia local anfitriona es el laboratorio donde los alumnos sirven y llevan a cabo proyectos ministeriales. En este entorno, los alumnos aprenden de la experiencia y sabiduría de los líderes de su iglesia. El objetivo de la escuela es crear una comunidad de aprendizaje fructífera en la iglesia local que desarrollará futuros líderes y finalmente plantará nuevas iglesias.

Las iglesias en nueve países están albergando una Escuela Ministerial Global Missio, con un plan de estudios actualmente en cinco idiomas.

Para obtener información sobre cómo organizar una Escuela Ministerial Missio Global, visite www.missioglobal.org

LA SERIE LA CRUZ

La Serie *La Cruz* es una serie de libros para el crecimiento cristiano con un enfoque en el discipulado y las primeras etapas del desarrollo del liderazgo. El material se utiliza mejor en relaciones de tutoría individuales o en grupos pequeños. La Serie *La Cruz* está diseñada como un camino de crecimiento que conduce a la Escuela Ministerial Missio Global basada en la iglesia. También se puede utilizar como material valioso para el discipulado cristiano en general. Los títulos incluyen:

El Cruce - *Primeros Pasos en su Caminar con Dios*
Fuego Cruzado - *Una Nueva Manera de Vivir (Libros 1 y 2)*
CrossFit (Entrenamiento Cruzado) - *Futuros títulos por venir!*

www.ingramcontent.com/pod-product-compliance
Lightning Source LLC
Chambersburg PA
CBHW060541030426
42337CB00021B/4370